# ÉLOGE

## DE

# MALESHERBES.

## TOULOUSE.

IMPRIMERIE DE JEAN-MATTHIEU DOULADOURE,

Rue Saint=Rome, 41.

# RENTRÉE

## DE LA

# CONFÉRENCE DES AVOCATS

### PRÈS LA COUR ROYALE DE TOULOUSE.

—————

# 1840.

# ÉLOGE

## DE

## LAMOIGNON DE MALESHERBES,

### PRONONCÉ

Par M. PEYRUSSE (Louis-Eugène),

de Lézignan (Aude),

à la Séance solennelle du 3 décembre 1840.

> « Je n'aspire point à la gloire d'être le législa-
> » teur, le réformateur, le restaurateur de ma
> » patrie. Je m'en tiens au mérite que je crois avoir
> » de ne m'être jamais écarté de la route que doit
> » suivre un homme de bien ; et dans cette route,
> » de n'avoir jamais reculé par faiblesse... »
>
> *Lettre de Malesherbes à M. Boissy-d'Anglas,*
> *Député à l'Ass. Const., 22 novembre 1790.*

## Messieurs,

A la rentrée annuelle de nos conférences, lorsque nous nous retrouvons pour la première fois
dans cette enceinte, témoin de nos exercices et de
nos travaux, avec la joie que nous inspirent le
sentiment d'une douce confraternité et l'amour de
l'étude, nos esprits aiment à consacrer quelques

souvenirs au passé, et à payer un tribut commun d'admiration à quelqu'un des grands hommes qui ont honoré la France et l'Humanité par leur courage et par leurs vertus.

Ainsi se rouvre, pour nous, l'année judiciaire : pendant que dans le sanctuaire même de la Justice, sous les yeux d'une foule qui les écoute avec respect, d'éloquentes mercuriales rappellent aux Magistrats la sainte austérité de leurs devoirs, une voix parmi nous s'élève, et redemande à l'histoire le récit des vertus dont elle éternise le souvenir. Ce religieux usage anime et agrandit nos forces : et, de même que chez un ancien peuple les récits des exploits des héros servaient à entretenir l'amour de la gloire et de la patrie ; de même, le spectacle des luttes du génie et de la vertu, le souvenir immortel de leurs bienfaits, l'image des récompenses impérissables qui leur sont réservées, entretiennent parmi nous une noble ardeur en servant de prélude à nos travaux.

C'est du sage et vertueux LAMOIGNON DE MALESHERBES, que j'évoque aujourd'hui devant vous, Messieurs, le souvenir.

Un demi-siècle s'est presque écoulé depuis le jour qui vit ce grand citoyen tomber victime des fureurs révolutionnaires, et les regrets que causa sa perte survivent au temps : l'impartiale histoire les a gravés dans tous les cœurs.

Jamais elle ne présenta d'exemple d'une vie plus belle, et plus digne d'admiration et d'amour !

Les exploits d'une foule de conquérants et de guerriers, immortalisés dans ses annales, frappent nos cœurs d'enthousiasme : les vues profondes de l'homme d'état, les travaux du magistrat et du philosophe, attirent nos hommages. Mais, sous les palmes du guerrier, l'œil découvre le sang au prix duquel il faut les obtenir : et, trop souvent, à travers l'éclat de la gloire et le prestige du génie ou de la vertu, les infirmités humaines se révèlent par de coupables erreurs ou par d'inexcusables faiblesses.

Ce qui distingue surtout, Messieurs, la gloire de Malesherbes, ce n'est pas tant l'éclat extraordinaire de quelques parties isolées de sa carrière, que la pureté de toutes ses actions, et l'exercice continuel des vertus les plus hautes. Sa vie entière fut un long combat : partout et toujours, il fut ce qu'il devait être ; aussi éloigné de la pompe de l'orgueil que de la vanité d'une fausse modestie, accomplissant sans faste et sans effort tous les devoirs que son génie ou son noble cœur lui révélaient.

Suivez-le dans sa vie publique : là, tout fut grand et glorieux. Préposé, en sa qualité de Directeur de la librairie, à surveiller, pour ainsi dire, la marche de l'esprit humain, dans un siècle où l'ignorance des peuples était regardée comme la garantie du pouvoir des rois, on le vit favoriser dans de sages limites, et avec une haute impartialité, le développement de la pensée et le progrès des lumières. Magistrat ferme et courageux, ministre sans ambition et conseiller fidèle du Monarque, il osa prendre, au pied du trône, la défense de nos intérêts et de nos droits les plus sacrés. Appui des libertés nationales contre les abus de la monarchie, et défenseur du monarque contre la tyrannie populaire, il combattit le despotisme sous toutes ses formes, et finit par tomber sa victime. Sa probité resta intacte au milieu de la corruption générale, et son courage inébranlable quand la crainte était universelle.

Dans sa vie privée, tout fut bon et honorable. Écrivain animé de l'amour du bien public, citoyen rempli de zèle et d'humanité, ami et protecteur des lettres et des arts, il fut, jusque dans sa retraite, utile à sa patrie et à ses semblables, constamment bon, simple et modeste, plein de modération et d'indulgence, d'une société douce et d'un abord facile, d'une bonhomie dont le charme n'appartenait qu'à lui, et qui, sans rien enlever de la vénération qu'il inspirait, enchaînait tous les cœurs et lui attirait, dès le premier moment, la confiance la plus étendue (1).

(1) Quand on le voyait pour la première fois ( dit M. Boissy-d'Anglas, l'un de ses contemporains qui l'ont le mieux connu ), avec son habit marron à grandes poches, ses boutons d'or, ses manchettes de mousseline, son jabot barbouillé de tabac, et sa perruque ronde mal peignée et mise de travers, et qu'on l'entendait parler avec si peu d'affectation et de recherche, quoiqu'avec un si grand sens et tant d'érudition et d'esprit, il était impossible d'imaginer qu'il fût le fils d'un Chancelier de France, le descendant de l'illustre famille des Lamoignon, qu'il eût été revêtu des premières dignités de la Magistrature, qu'il fût Ministre d'état, membre des trois Académies, et doué des plus hautes qualités personnelles que le ciel puisse départir à un homme...

Enfin, ce nom immortel, devenu sacré même avant ce vernis des siècles qui ajoute à la gloire, sans rien ajouter souvent à la réalité des titres, se présente devant la postérité environné d'un si beau cortége ; il rappelle un caractère si grand, si noble, si généreux, une âme si pure, si indépendante, si élevée, une vertu si parfaite et si invariable, un amour si constant et si désintéressé pour tout ce qui est bon et juste, un dévouement si complet aux mêmes principes, dans des circonstances si diverses quoique également difficiles, et une fin si glorieuse et si touchante, qu'on ne peut l'entendre prononcer sans une vive émotion mêlée d'admiration et de douleur.

S'il m'était permis, Messieurs, de rechercher ici, avec vous, comment put se former ce vrai modèle d'une vertu antique, nous le verrions naître et se développer, au sein même de sa famille, de cette famille où régnait une simplicité digne des premiers âges, et qu'un orateur chrétien nous représente comme une de celles « où l'on ne semble naître, que » pour exercer la justice et la charité; où la vertu se » communique avec le sang, s'entretient par les bons » conseils, s'excite par les grands exemples (1). »

Lorsque les mœurs et les passions généreuses abandonnent une société corrompue, elles se réfugient dans le sein de quelques maisons privilégiées, et élèvent là leurs autels. Celle des Lamoignon,

______

(1) Fléchier, Oraison funèbre du premier Président de Lamoignon, mort en 1677.

autrefois distinguée dans les armes, avant le règne même de saint Louis, entrée depuis sous Henri II dans les premières dignités de la robe, avait fourni une longue suite de magistrats, illustres par leur science, par leur amour du bien public, et par leurs vertus. Elle était comme destinée à conserver parmi nous le dépôt sacré des mœurs : les récits de la vie des pères, écrits par leurs enfants, devenus des leçons domestiques pour chaque génération, en perpétuaient, pour ainsi dire, le culte.

Que ne puis-je aussi, Messieurs, vous montrer, dans ces jeunes années, Malesherbes se livrant avec ardeur à l'étude de la jurisprudence, de l'histoire et du droit public, interrogeant notre législation et notre passé, pénétrant la vie des peuples, comparant, discutant leurs diverses législations, et préparant ainsi le germe de ces grandes vues, qu'il devait déployer bientôt avec tant de courage et d'éclat, pour le bien de la France et de l'humanité !

Mais sa vie est remplie de trop de vertus, signalée par trop de belles actions, pour que je m'arrête sur cette partie néanmoins si intéressante de sa carrière, qui vit se former peu à peu et comme par degrés l'éducation de son génie (1). J'ai hâte

______

(1) Je dis, *peu à peu et comme par degrés* : sa jeunesse fut, en effet, remarquable par la continuité et par la sagesse de ses progrès, plutôt que par leur rapidité et par leur éclat, indices souvent trompeurs, bien que brillants, des facultés supérieures.

Une loi générale nous montre la nature tardive chez les êtres animés d'une longue vie : le génie semble assujetti à cette règle ;

de vous montrer la part glorieuse que la main de la Providence lui assigna, dans ce XVIII.e siècle, si fécond en grands événements et en grands résultats (1).

Lorsque, vers 1750, Malesherbes, fort jeune encore, fut chargé par le Chancelier, son père, de la direction de la librairie, qui était alors une émanation de la chancellerie et une portion si importante de l'administration publique, un grand mouvement agitait les esprits.

Aux brillantes créations des lettres et des arts, qui avaient marqué si glorieusement le siècle de Louis XIV, avaient succédé les méditations plus approfondies de la raison et de la sagesse. A l'exemple de Fontenelle, qui avait porté l'esprit philosophique dans les sciences, et préparé par là leurs rapides et utiles progrès, Voltaire, à son tour, faisait pénétrer la philosophie dans les lettres et dans les productions variées de l'immortel génie qui l'inspira. Buffon et Montesquieu venaient d'élever à la gloire du genre humain les deux plus beaux monuments que l'esprit de l'homme eût pu

sauf quelques exceptions assez rares, il se développe d'une manière lente, sinon difficile et pénible. Cette cause, jointe à la simplicité naturelle de Malesherbes, dissimula longtemps à tous les yeux un avenir que chacun croyait pouvoir fixer d'avance. (Voyez *Biographie des contemporains*, v.° MALESHERBES. — Boissy, *Dictionnaire de la Conversation*, v.° *eod.*, et les *Essais sur Malesherbes*, par le même, t. 1.er p. 4 et suiv.)

(1) Il naquit à Paris, le 6 décembre 1721.

concevoir : l'un, en traçant, dans un style majes-
tueux comme son sujet, le tableau de la nature,
de ses phénomènes, de ses richesses, la théorie de
ses lois et de l'ordre merveilleux et éternel qui les
dirige ; l'autre, en portant dans les archives de la
civilisation le même flambeau, le même talent
d'observer que Buffon dans les archives de la na·
ture..... L'art d'écrire n'était plus seulement celui
de former de belles périodes, ou d'exprimer de
beaux sentiments ; c'était encore celui de consacrer
de grandes et utiles vérités, de conduire l'esprit
humain à leur découverte, et d'en tracer le développement et l'application. Le génie et le talent
dirigeaient leurs forces, avant tout, vers un but
utile, vers l'accroissement des lumières et le per-
fectionnement de l'intelligence humaine.

Cependant, des obstacles divers, créés dans le
but théorique de réprimer ou de prévenir la publi-
cation des livres contraires à l'intérêt public, s'op-
posaient en réalité à cette marche salutaire des
esprits. C'était, d'un côté, l'existence d'une législation tyrannique et barbare, que les progrès de
la civilisation n'avaient point adoucie, qui condamnait à des peines afflictives extrêmement gra-
ves les auteurs, imprimeurs ou distributeurs d'*ouvrages jugés criminels* (1), et par le vague de ses

______

(1) Ce sont les termes de l'ordonnance de 1728, qui condamnait
à la marque, au carcan et aux galères, les personnes dont je
viens de parler. Une autre ordonnance, rendue en 1757, à l'occasion de l'attentat de Damiens, renchérit encore sur cette législation déjà si rigoureuse. Il est rare que les attentats politiques
n'aient pas, pour les libertés publiques, de funestes conséquences.

dispositions livrait les citoyens à l'arbitraire et à tous les préjugés des parlements. C'était, de l'autre, le système oppressif suivi par le gouvernement, qui, suivant les conseils d'une politique funeste, contrariait ce qu'il aurait dû encourager, combattait ce qu'il aurait dû soutenir, frappait arbitrairement par ses lettres de cachet ceux dont les écrits pouvaient blesser ses opinions (1). C'était enfin, et surtout, une censure préalable, institution funeste, dont les efforts avaient tendu constamment à étouffer l'essor du génie, en arrêtant tout ce que produisait la presse. La Henriade, le Siècle de Louis XIV, l'Encyclopédie, les ouvrages de Rousseau, de Mably, de Condillac, ceux plus anciens de notre grand jurisconsulte Dumoulin, n'avaient jamais été permis légalement. Buffon n'avait pu obtenir l'approbation nécessaire, qu'en consentant à sacrifier quelques peintures brillantes et quelques pensées profondes, qui n'avaient pas paru assez orthodoxes à la régularité des censeurs.

(1) Témoin Voltaire, Diderot, le savant abbé Lenglet-Dufresnoy, etc..... Ce dernier, dans les écrits duquel un censeur consciencieux n'aurait pu trouver rien de séditieux ni d'hostile au gouvernement, mais dont la franchise gauloise le faisait s'exprimer avec une entière liberté sur tout ce qui blessait ses opinions personnelles, fut mis, dit-on, quatre fois à la Bastille, et passa une partie de sa vie dans cette prison ou dans celle de Vincennes. Quand il voyait entrer l'exempt qui avait toujours été chargé de l'arrêter, il ne lui laissait pas le temps d'expliquer sa mission : « Bonjour, M. Tapin, » lui disait-il ; et, à sa servante : « Allons vite, mon petit paquet, du linge et du tabac ! » et il suivait gaiement M. Tapin. — Les annales de la Bastille prouvent que tous les prisonniers ne se résignaient pas aussi facilement à la perte de leur liberté. (*Dict. de la convers. v.* ° BASTILLE.)

Excepté la *Grandeur des Romains*, Montesquieu n'avait pu avoir la permission de publier aucun de ses livres ; et le genre humain, dont le génie venait de *retrouver les titres*, fut menacé de les perdre encore, et peut-être à jamais..... On ne finirait pas, si l'on voulait énumérer les ouvrages du premier ordre et de la première utilité, qui n'avaient pu paraître qu'en triomphant de toutes les oppositions, réunies ou contraires, de l'administration et des parlements, et en devenant pour leurs auteurs des causes de persécutions et de dangers : l'esprit s'épouvante de cette nomenclature !

Telle était en résumé, Messieurs, la situation des choses relativement à la librairie, lorsque Malesherbes en accepta la direction : tels étaient, surtout, les obstacles qu'il devait y rencontrer et les écueils qu'il devait éviter.

Mais, tout en favorisant les écrivains dont le but était d'éclairer le monde et de perfectionner l'intelligence humaine, il ne fallait pas encourager ceux qu'un esprit de licence et d'erreur portait à attaquer les institutions et les garanties sociales. C'est ce qu'il fit avec l'impartialité la plus haute : et les Mémoires qu'il rédigea, à cette époque, pour un prince désireux de connaître les règles d'un gouvernement qu'il était appelé à diriger un jour, resteront comme un témoignage irrécusable de la sagesse de son administration (1).

_____

(1) Ces Mémoires, au nombre de cinq, furent rédigés pour M. le Dauphin, père de Louis XVI. Ils sont remplis de documents cu-

« Il importe au public, est-il dit dans ces Mé-
» moires, que le vrai soit connu : il le sera tou-
» jours quand on permettra d'écrire, et il ne le
» sera jamais sans cela.

» Il y a un petit nombre de sciences démon-
» trées : dans celles-là, on peut savoir avec cer-
» titude de quel côté est l'erreur. Mais, dans ces
» sciences, il n'y a aucun danger à laisser établir
» de faux principes, parce qu'on est sûr qu'ils se-
» ront bientôt réfutés, s'ils ne tombent pas dans
» le mépris !

» Dans toutes les autres, on n'est jamais certain
» de ne pas se tromper soi-même..... L'ignorance,
» l'orgueil, les passions personnelles d'un censeur
» pourront étouffer le germe des plus précieuses
» vérités. »

S'agit-il d'ouvrages contre les mœurs et la re-
ligion ? « Les ouvrages anti-religieux, dit Males-
» herbes, qui sapent les fondements de la morale,
» ne peuvent être tolérés dans aucun pays. » Et
il déplore avec tous les bons citoyens, que « ces
» livres, véritablement condamnables, ne parais-
» sant que dans les ténèbres, échappent le plus
» souvent à l'œil le plus vigilant de la police. » Il
n'est pas moins rigoureux contre les ouvrages « où
» l'on ose soumettre à l'examen l'autorité royale. »

rieux et de vues profondes. C'est là que, quarante années avant
que la révolution l'eût proclamé, Malesherbes établit le principe
de la liberté de la presse, en le restreignant dans les plus sages
limites. En 1788, il composa de nouveaux Mémoires sur cette importante matière : ils seront rappelés plus bas.

Il regarde comme « l'objet le plus important de
» l'administration, d'empêcher de paraître de tels
» ouvrages ; parce que, dit-il, les droits du trône
» ont des fondements plus solides et plus certains
» que de vaines spéculations, et que la découverte
» d'un axiome important, en morale ou en juris-
» prudence, ne compensera jamais les maux qui
» pourraient résulter de cette funeste controverse.
» Mais, le siége de l'autorité étant une fois fixé,
» il penche à croire qu'il n'y aurait pas un danger
» bien réel à laisser écrire sur toutes les autres
» lois et sur toutes les autres parties de l'adminis-
» tration publique : il pense que la crainte de dé-
» courager les dépositaires de l'autorité du Roi, en
» éclairant le public sur leur administration, pour-
» rait être compensée par beaucoup d'autres avan-
» tages » qu'il fait ressortir.

Ces principes si sages, si supérieurs aux vues
politiques du temps, et qui contiennent en germe
les plus hautes comme les plus utiles vérités, rendirent la conduite de Malesherbes toujours sage
et mesurée. Tout livre utile trouva toujours un
appui certain dans son autorité bienfaisante : tout
livre pernicieux fut constamment réprimé par elle.
Il favorisa tout à la fois le développement des
lumières et le maintien de l'ordre public, dé-
ployant tour à tour et avec une exacte justice
la tolérance et la sévérité, marchant à une égale
distance et de ceux qui voulaient tout prohiber
et de ceux qui voulaient tout encourager. Il tint la
balance entre eux avec une équité digne des plus

grands éloges ; et il eut ( ce qui n'arrive que rare-
ment à ceux que la même impartialité dirige ) le
grand art d'imposer aux partis, et de faire révérer
à tout le monde ses principes et sa conduite. Les
importunités du crédit puissant (1), la licence et
le despotisme, s'arrêtèrent devant l'autorité de sa
vertu, plus encore que devant son pouvoir. Et,
quand, après vingt années d'une administration
que le gouvernement, malgré ses principes, ne sut
jamais désapprouver, la disgrâce du Chancelier
entraîna la retraite de Malesherbes, il emporta
tous les regrets des gens de bien. Ceux-là mêmes
dont il avait pu blesser la trop vive susceptibilité,
ou dont il avait dû retenir le zèle, rendirent justice à son administration ; et plusieurs d'entre eux
lui témoignèrent, avec une vive sensibilité, la douleur que leur causait sa perte (2).

Tandis qu'en sa qualité de Directeur de la librairie, exerçant une portion de la puissance mi-

(1) Madame de Pompadour croyant avoir à se plaindre d'un ouvrage qui venait de paraître avec permission *tacite*, c'est-à-dire,
sous l'indication d'une ville étrangère, et sans que l'approbation
fût imprimée avec l'ouvrage, insistait un jour très-vivement auprès de Malesherbes pour connaître de lui le censeur qui l'avait
approuvé. Malesherbes ne pouvant parvenir à écarter les vives
insistances de la favorite, lui dit enfin, d'un ton assuré : « Je ne
» vous le dirai pas, Madame ; le censeur dont il s'agit n'a eu au-
» cun tort, et je ne consentirai jamais à l'exposer à votre ressen-
» timent. » — Le pardon pouvait-il suivre un tel refus ?

(2) Voyez Mém. de Morelet, t. 1, p. 38 et suiv.; deux lettres,
l'une de Voltaire à M. d'Argental, l'autre de Rouss. à Malesh.;
Boissy, t. 1, p. 49.

nistérielle, Malesherbes défendait ainsi le progrès des lumières, la morale publique et les justes prérogatives du pouvoir, contre les attaques dangereuses dont la presse pouvait être l'instrument; comme magistrat, chef d'une Cour souveraine, indépendante dans son autorité, quoique circonscrite dans ses attributions, il luttait contre le despotisme du Roi et de ses ministres, et prenait en main la défense des droits et des besoins du peuple.

Les premières années qu'il avait passées dans la magistrature s'étaient écoulées inaperçues (1): la gloire du magistrat, paisible et peu brillante, ne se répand point au dehors, elle se nourrit de privations; et comme si elle ne pouvait avoir d'éclat qu'aux dépens du bien public, elle ne grandît presque jamais que dans des circonstances funestes. Mais quand, vers 1750, Malesherbes fut devenu premier Président de la Cour des aides, en remplacement de son père élu Chancelier, ces circonstances ne manquèrent pas à l'application de sa vertu, et sa vertu ne cessa de grandir avec elles.

Le plus funeste et le plus déplorable des abus de l'ancienne monarchie était, sans contredit, ce pouvoir arbitraire et sans limites, qui livrait aux caprices du despotisme la liberté des citoyens : car, le premier droit de l'homme, c'est d'être libre; c'est-à-dire, de n'obéir qu'aux lois et de ne

______

(1) Il avait été élu Substitut du Procureur-général, en 1741; et reçu Conseiller au Parlement, en 1744.

craindre qu'elles. Dans des temps reculés, on avait
vu nos rois, pour remédier à cet abus de leur pouvoir, frapper par avance de nullité les lettres
closes ou de cachet, défendre aux magistrats d'y
obéir en aucune manière (1). Mais ces ordonnances,
dont nos recueils de législation sont remplis, n'a-
vaient opposé qu'une faible barrière au mal qu'elles
devaient prévenir; et, dans les derniers temps,
sous le règne de Louis XIV, surtout, comme sous
celui de son successeur, ces actes arbitraires s'é-
taient multipliés dans une progression effrayante.
On ne les réservait plus pour les affaires d'état;
on les accordait pour satisfaire les vengeances,
les passions, les antipathies particulières les plus
mesquines. Il était notoire que des ordres supérieurs intervenaient dans toutes les affaires inté-
ressant des particuliers un peu connus, sans
qu'elles eussent aucun rapport, ni au Roi person-
nellement, ni à l'ordre public; et cet usage était
si généralement établi, que tout homme qui jouis-
sait de quelque considération eût cru au-dessous
de lui de demander la réparation d'une injure à
la justice ordinaire. Les registres des ministres
étaient devenus autant de tables de proscription
où se confondaient, tous les jours, les noms les
plus illustres et les plus obscurs; et, ce qui rendait cette tyrannie plus insupportable encore, le
despotisme descendu des pieds du trône jusqu'aux

_______
(1) La plus ancienne ordonnance, rendue sur cette matière, et
que nous connaissions, remonte à 1359, au règne du roi Jean.

extrémités du corps social, exerçait partout et sur tous sa puissance.

Nul, cependant, ne s'élevait contre ce funeste joug; et la terreur qu'il inspirait, glaçant toutes les âmes, semblait avoir détruit en elles le sentiment de la liberté!!

Tout à coup une voix sort des cachots souterrains de Bicêtre. Cette voix est celle d'un citoyen obscur, d'un certain Monnerat, arrêté comme contrebandier sur l'avis d'un délateur, et contre qui, à défaut de preuves, les administrateurs des fermes ont déployé depuis vingt mois les mesures les plus rigoureuses. Il implore la justice de la Cour des aides : elle vient à son secours; elle lui fait rendre sa liberté, et veut même sévir contre ses oppresseurs, en les soumettant à réparer les suites de leur odieuse conduite. Mais un arrêt du Conseil du roi évoque l'instance, sous prétexte que *les affaires d'administration ne sont pas du ressort des tribunaux*, et défend qu'il soit donné suite à celle-là, sous peine d'interdiction de la Cour des aides.

Ce fut alors que Malesherbes, au nom de sa compagnie, fit entendre d'un bout de la France à l'autre sa voix éloquente, et j'oserai dire, sacrée. Pour la première fois, les parvis du trône retentirent de la réclamation d'un des grands corps de l'état demandant justice pour l'un des hommes les moins élevés du royaume. On avait bien vu les Parlements se plaindre quelquefois de l'emprisonnement ou de l'exil de quelques-uns de leurs membres, et adresser au Roi, pour les faire cesser, des remontrances plus ou moins fortes : mais, là se bornait tout leur zèle ; et, avant le temps dont je parle, il n'était pas arrivé une seule fois peut-être, que la liberté des citoyens eût été l'objet de la sollicitude des magistrats. Malesherbes donna l'exemple : il eut la gloire d'être le premier qui se permit d'avertir les rois de l'injuste usage qu'on faisait de leur puissance, le premier qui osa leur dire qu'il était temps d'en subordonner l'exercice aux saintes et rigoureuses lois de la justice et de l'équité.

Dans ces remontrances où il consacre les principes de la liberté individuelle, ceux des droits du peuple qui sont le fondement et le but de toute organisation sociale, et cette maxime sacrée, antérieure à tout autre droit, qui ne veut pas qu'un accusé soit condamné sans avoir été entendu, Malesherbes expose les vexations dont Monnerat a été l'objet ; il fait connaître au Roi la justice de ses plaintes, et n'atténue pas l'autorité de ses réclamations par de frivoles ménagements ou par une condescendance coupable. C'est là qu'après un tableau animé de l'abus des lettres de cachet, on retrouve ces paroles si souvent citées : « Il en résulte, Sire, qu'aucun citoyen, » dans votre royaume, n'est assuré de ne pas voir » sa liberté sacrifiée à une vengeance : car, per- » sonne n'est assez grand pour être à l'abri de la » haine d'un ministre, ni assez petit pour n'être » pas digne de celle d'un commis. »

Quelle force, quelle fermeté, quelle éloquence dans ces discours!... Il parle au nom d'un corps de magistrature, chargé par son institution même de réclamer auprès du prince les droits de la nation, et il se place avec majesté, par son talent comme par son courage, à la hauteur des nobles fonctions qu'il est appelé à remplir; et sa voix s'anime et s'élève constamment par le sentiment d'une grande injustice, et par celui des dangers publics.

Mais il était écrit que le crime puissant devait l'emporter, cette fois encore, sur les droits sacrés de l'innocence! De nouveaux ordres émanés du trône, intimèrent à la Cour des aides la défense de s'occuper de cette affaire; et la révolution survenue dans la magistrature, dont la suppression de cette Compagnie fut l'un des plus mémorables événements, ne lui permit pas de s'occuper plus utilement des réclamations de l'infortune.

La Cour des aides n'était pour rien, au commencement, dans la querelle engagée entre les Parlements et le Roi, qui amena dans la magistrature cette révolution, l'une des causes éloignées de celle qui devait renverser un jour l'antique édifice de la monarchie : et avec un peu moins de courage, un peu moins de noblesse et de fermeté dans ses membres, et surtout dans son illustre chef, elle serait restée immobile, en gardant le silence qu'on ne lui demandait pas de rompre ; elle aurait attendu sur le rivage que la tempête se fût calmée. Mais ceux qui, peu de temps auparavant, avaient si courageusement défendu les droits d'un citoyen obscur, et qui, à l'instant même, venaient de réclamer avec énergie contre la détention de deux magistrats, justement célèbres, enlevés illégalement à leurs fonctions et à la liberté (1), pouvaient-ils se taire, lorsque le despotisme venait de renverser les faibles barrières qui le reténaient encore, et, sans tomber particulièrement sur eux, allait frapper toute la France ? N'étaient-ils pas aussi les gardiens de ses droits et de ses libertés ? Et, puisqu'on venait de les violer d'une manière si funeste pour elle, n'étaient-ils pas obligés de les soutenir avec les armes qui leur appartenaient, celles de l'éloquence et de la raison ?

Malesherbes rédigea de nouvelles remontrances contre l'édit qui supprimait l'ancienne magistrature. Il y signale les actes inouïs d'arbitraire qui en ont précédé ou accompagné l'exécution contre les magistrats exilés. Mais leur infortune particulière s'efface devant les malheurs publics, et ces derniers excitent surtout son éloquence et son courage : il soumet au Roi les diverses dispositions de l'édit, en lui faisant connaître leurs funestes conséquences pour les libertés publiques.

Jamais l'éloquence politique ne s'était élevée, dans nos temps modernes, à une plus grande hauteur, ni ne s'était environnée de plus de noblesse et de dignité ! Lorsqu'il arrive surtout à l'examen du 3.e article de l'édit qui, en détrui-

_________________

(1) MM. de la Chalotais.

sant la liberté des enregistrements, ne laisse plus de bornes à l'arbitraire, et qu'il trace au Monarque les limites de la puissance et l'étendue des devoirs des rois, le génie de Fénélon semble revivre pour faire parvenir jusqu'au trône les plus austères et les plus saintes vérités.

« Par quelle fatalité, Sire, veut-on forcer les
» plus fidèles sujets à rappeler à leur maître les
» lois que la Providence lui a imposées, en lui
» donnant la couronne? Vous ne la tenez que de
» Dieu, Sire; et il était superflu de l'annoncer
» dans le préambule de l'édit, puisqu'il n'est point
» de Français qui ne soit prêt à répandre son
» sang pour soutenir cette vérité contre toutes les
» puissances rivales. Mais ne vous refusez pas la
» satisfaction de croire que vous êtes aussi rede-
» vable de votre pouvoir à la soumission volon-
» taire de vos sujets, et à cet attachement pour
» votre sang auguste, qui nous a été transmis par
» nos ancêtres.

» Ou plutôt, sans agiter ces tristes querelles qui
» n'auraient jamais dû l'être sous un règne tel que
» le vôtre, daignez considérer que la puissance
» divine est l'origine de toutes les puissances légi-
» times; mais que le plus grand bonheur des peu-
» ples en est l'objet et la fin, et que Dieu ne place
» la couronne sur la tête des rois, que pour pro-
» curer aux sujets la sûreté de leur vie, la liberté
» de leurs personnes et la tranquille propriété de
» leurs biens..... Les souverains peuvent avoir
» plus ou moins de puissance, mais ils ont partout

» les mêmes devoirs. S'il en est d'assez malheureux
» pour commander à des peuples qui n'aient point
» de lois, ils sont obligés d'y suppléer, autant qu'ils
» le peuvent, par leur justice personnelle et par
» le choix des dépositaires de leur autorité. Mais
» s'il existe dans un pays des lois anciennes et
» respectées, si le peuple les regarde comme le
» rempart de ses droits et de sa liberté, si elles
» sont réellement un frein utile contre les abus
» de l'autorité, dispensez-nous, Sire, d'examiner
» si, dans aucun état, un roi peut abroger de
» pareilles lois ; il nous suffit de dire à un prince
» ami de la justice, qu'il ne le doit pas... »

La suppression de la Cour des aides, l'exil de
plusieurs de ceux qui la composaient et particulièrement de son chef, furent la suite et la récompense de ces actes d'un noble courage, et de ces
éloquentes remontrances que la postérité, con-
firmant le jugement d'un contemporain (1), regar-
dera « comme des modèles de bon goût dans un
» siècle de phrases, comme des monuments et des
» leçons de vertu dans un siècle de corruption. »
Malesherbes alla jouir pendant quatre années,
dans la retraite honorée de son nom, du repos
qu'il avait si bien mérité, et qu'on lui infligeait
comme une peine.

Mais un tel citoyen n'est jamais quitte envers
sa patrie, que lorsqu'il a cessé de vivre : et la
Providence qui semblait lui avoir confié, plus

_______________

(1) Laharpe.

particulièrement qu'à tout autre , l'exercice des devoirs sacrés qu'elle impose aux hommes de bien sur la terre , le replaça bientôt sur la scène du monde pour y utiliser encore ces hautes qualités dont il avait déjà fait un si noble usage.

Un jeune roi de vingt ans , nourri dans des idées généreuses , animé du zèle du bien public , venait de rendre la magistrature *aux vœux de la nation* (1); et son avénement , marqué par de grands actes de justice , permettait d'espérer tous les soulagements que l'on pouvait attendre d'une humanité éclairée. Malesherbes alors reparut : il vint mettre sous les yeux du jeune monarque , le tableau approfondi des lois sur les impôts , et lui faire connaître les maux trop réels et la vraie situation de ce peuple , dont le spectacle d'une Cour brillante ne lui rappelait pas le souvenir.

Comme chef d'une Cour souveraine , dans les attributions de laquelle rentraient plus particulièrement les affaires d'impôts , il avait été plus que tout autre , pendant les vingt années de sa présidence , à portée d'en sonder les secrets. Il en connaissait tous les inconvénients , il en avait observé tous les abus funestes , et il présentait au Roi le remède à tant de maux. Les mesures qu'il proposait ne tendaient à rien moins qu'à une réforme générale dans cette partie si im-

______

(1) Ce sont les termes de l'édit par lequel Louis XVI rétablit, en 1775, l'ancienne magistrature.

portante du gouvernement, à en écarter la clandestinité et l'arbitraire, à fixer de justes modes pour l'établissement, pour la répartition, pour la perception des impôts, pour la décision des affaires qui y sont relatives. Ces remontrances, l'un des ouvrages les plus importants qui soient jamais sortis des Cours souveraines pour éclairer l'administration, servirent de préambule, et presque de texte, aux opérations de Turgot et de Necker : toutes les mesures qu'y proposait Malesherbes, lui étaient dictées par la voix de la raison et de l'équité, seules bases de sa politique. Hélas ! nous n'avons pu les obtenir qu'au prix de tous les maux enfantés par la révolution.

Celui qui, dans deux positions si élevées et presque contraires, comme Directeur de la librairie et comme chef d'une illustre compagnie, venait de déployer tant de talents et de vertus ; qui venait de manifester aux yeux de tous, son grand caractère, sa noble raison, l'élévation de son âme, la pureté de ses sentiments, la liberté de ses pensées et l'étendue de ses lumières ; qui, à ces hautes qualités joignait un infatigable amour du bien, un attachement invariable à la France et à son chef, méritait d'être élevé au conseil des rois. Il y parut, pour la première fois, en 1775.

Il n'avait ni sollicité, ni recherché ces fonctions éminentes. Il avait au contraire manifesté, par des refus réitérés, l'éloignement qu'elles lui inspiraient ; et il fallut les instances de Turgot et un ordre exprès du Roi, pour le décider à les accepter.

En changeant d'état et de fonctions, Malesherbes resta fidèle à ses principes. Il succédait, au Conseil, au duc de Lavrillière, dont la désastreuse longévité ministérielle avait été signalée par un abus inouï des lettres de cachet (1). Il s'attacha à réprimer toutes ces violations du plus sacré de tous les droits. Il fit mettre en liberté presque tous ceux qui étaient arbitrairement détenus, et il ne signa aucun ordre pour en faire arrêter d'autres. Il détermina même, pour l'avenir, des formalités d'après lesquelles une lettre de cachet, s'il avait été absolument nécessaire d'en expédier, aurait été aussi difficile à obtenir que l'acte juridique d'un tribunal.

Après l'abolition des lettres de cachet, ce qu'il désirait le plus vivement, c'était d'établir un bon système d'économie en diminuant les dépenses. Aussi, l'une des premières propositions qu'il fit au Roi dès l'instant qu'il fut ministre, fut-elle de lui montrer la nécessité et les moyens de diminuer les impôts, en réduisant les dépenses énormes de sa maison (2).

Tous ces utiles projets de réformes ne pouvaient

(1) Il avait été cinquante-deux ans Secrétaire d'Etat, et tous les historiens de l'époque assurent qu'il s'était distribué, sous son ministère, plus de cinquante mille lettres de cachet.

(2) Il présenta au Roi un mémoire à ce sujet, plein de vues sages et de pensées profondes.

convenir aux gens de la Cour. Des hommes tels que Malesherbes et Turgot leur déplaisaient, ainsi qu'à la classe privilégiée de la nation : à ceux-là, parce que les dépenses que Malesherbes voulait réduire, se faisaient presque toutes à leur profit ; à ceux-ci, parce que les institutions si nécessaires que Turgot voulait créer, tendaient en dernière analyse à établir une juste et égale répartition de l'impôt, et conséquemment à leur en faire supporter une portion plus considérable que celle qu'ils avaient payée jusqu'alors. Une ligue se forma contre les deux ministres, et ils ne tardèrent pas à s'apercevoir que « l'appui d'un » Roi est le plus faible de tous ceux que des » ministres réformateurs peuvent obtenir. Nous » avions bien le Roi pour nous, M. Turgot et » moi, disait plus tard Malesherbes après qu'il » se fut retiré du ministère, mais la Cour nous » était contraire, et les courtisans sont beaucoup » plus puissants que les rois. »

Malesherbes fut accablé d'oppositions, de contrariétés et de dégoûts ; et celui-ci qui n'avait accepté le ministère que malgré lui, qui n'y restait que dans la seule espérance de servir utilement la cause du peuple et celle du Roi, qu'il ne séparait pas dans ses vues, sollicita et obtint sa retraite.

Le renvoi de Turgot suivit de près la retraite de Malesherbes, et la Cour put se glorifier d'un triomphe funeste. Les factieux et les ennemis de toute amélioration politique furent avertis, dès lors, du peu de stabilité que le Prince pouvait attacher à ses déterminations les plus importantes : les édits proposés par Turgot et enregistrés dans un lit de justice, furent révoqués ; les jurandes, les maîtrises, la corvée, les formalités anciennement en usage pour le commerce des grains et l'approvisionnement des villes furent rétablies : les dilapidations de la fortune publique, les actes arbitraires, attentatoires à la liberté des citoyens, reprirent leur cours : le changement de principes fut complet, et le Gouvernement rentrant dans la ligne qu'avaient suivie les ministres de Louis XV, marcha à grands pas vers sa ruine.

Aussi, lorsque, dix ou douze années après, Malesherbes fut rappelé au Conseil, l'État se trouvait dans une situation effrayante. Les recettes ne suffisaient plus aux divers services publics et aux dépenses qui, sans pouvoir être classées parmi les besoins réels, étaient devenues, par les habitudes du faste et des plaisirs, d'une nécessité aussi pressante. Le discrédit commençait à naître, et la résistance des parlements rendait impossible l'établissement de nouveaux impôts. Calonne venait de s'éloigner, laissant après lui le germe des maux qui devaient peser sur la France ; la proclamation d'un déficit considérable, une assemblée orageuse qu'il fallut s'empresser de dissoudre (1), un besoin irrésis-

---

(1) L'assemblée des notables qu'il avait réunie, et qui le renversa.

tible de changements et de résistances intéressées qui s'était accru dans les diverses classes de la nation, un esprit d'opposition menaçante répandu dans tout le royaume, et un vide absolu dans les coffres du trésor royal, qu'il était aussi pressant que difficile de remplir.

Le rappel de Malesherbes eût pu faire croire que le Gouvernement avait aperçu la profondeur de l'abîme creusé sous ses pas, et qu'il allait enfin s'inspirer des conseils d'une politique sage et éclairée. Toutefois, il paraît certain que c'était moins ses conseils qu'on voulait, que l'éclat et l'appui de son nom, au moment où l'on était décidé à tenter des dispositions qui pouvaient, par leur nature et par leur objet, mécontenter la plus grande partie de la nation. Mais un homme comme Malhesherbes ne pouvait jouer ce faible rôle. Il fallait qu'il fît le bien, ou qu'il se retirât : et ce second ministère, pendant lequel on ne lui laissa aucune fonction active dans le Conseil où il n'eut que le droit de parler, pendant lequel il ne put que s'opposer, mais en vain, aux actes qui indisposaient justement la nation, et présenter au Roi quelques mémoires qu'il communiquait à ceux qui étaient d'un avis différent au sien, est devenu l'un de ses plus beaux titres à la reconnaissance et à l'admiration de la postérité.

Avec quelle vérité et quelle profondeur de vues, dans l'un de ces mémoires rédigé en 1787, plus de deux années avant la révolution, il signale au Roi le caractère de la crise qui se prépare, et lui en fait connaître d'avance les dangers !

« Il n'est pas question, dit-il, d'apaiser une crise
» momentanée, mais d'éteindre une étincelle qui
» peut produire un grand incendie.

» Le Roi trouvera peut-être que je me sers ici de
» ces grandes expressions, si souvent employées
» dans les remontrances des Cours, et dans les ou-
» vrages que des auteurs oisifs se permettent d'im-
» primer, qu'elles ne font plus aucune impression.
» Mais je le supplie de ne point regarder les termes
» dont je me sers, comme une exagération : je ne
» me mets en avant pour lui dire de tristes vérités,
» que parce que je vois se former un orage qu'un
» jour la toute-puissance royale ne pourra calmer,
» et parce que des fautes de négligence ou de
» lenteur, qui ne seraient regardées que comme
» des fautes légères dans d'autres circonstances,
» peuvent être aujourd'hui des fautes irréparables,
» qui répandront l'amertume sur toute la vie du
» Roi, et précipiteront son royaume dans des
» troubles, dont personne ne peut prévoir la fin... »

Et plus loin : « On dira que le danger que
» j'annonce ne peut pas être prochain : celui qui
» l'assurerait, me paraîtrait bien téméraire !
» Quoi qu'il en soit, ce pourrait être une consola-
» tion pour un homme de mon âge (1), mais non
» pour le Roi... »

Et il démontre au Monarque l'imminence de
ce danger ! Les leçons de l'histoire lui servent à

______

(1) Il prévoyait bien peu son propre sort !...

écarter toutes les illusions, et à faire voir que, s'il y a eu des temps plus fâcheux dans le passé, il n'y a eu du moins aucune situation qui ressemble à celle-ci, ni par conséquent dont on puisse tirer des inductions sur ce qui peut arriver du mécontentement actuel. Il cherche la cause de ce mécontentement; il n'en trouve qu'une principale, le désordre des finances, et il indique le remède dans de sages et économiques réformes. Mais, pour qu'elles produisent tout le bien qu'on peut en attendre, il ne faut pas qu'on croie qu'elles ont été arrachées au Roi par la difficulté des circonstances et par le courage de ceux qui stipulent les intérêts de la nation, « il faut, dit-il, que ce soit au Roi » seul qu'on les attribue; et, si l'on ne peut pas le » persuader des vérités qu'on lui expose, il ne faut » pas du moins que l'on sache qu'elles lui ont » été présentées. »

Quelles vues profondes, et quelle pureté sublime dans ce dévoûment !

En 1788, au moment où les États-généraux ont été solennellement promis à la nation, Malesherbes fait entrevoir de nouveau au Monarque, avec autant de profondeur et de vérité, la situation de la France, et la nécessité de se mettre en harmonie avec elle et de calmer la violente agitation des esprits en devançant, par des institutions salutaires ou par des concessions équitables, le résultat peut-être dangereux pour lui du mouvement qui se prépare. Il lui montre les dangers de cette politique funeste, qui laissant toujours dans l'ombre ses intentions réelles, ne paraissant céder que par faiblesse, lui enlève toute la gloire et tous les avantages de ses sacrifices, et donne à l'Europe le spectacle d'un commencement de guerre entre la nation et son roi. Il fixe enfin les principes, qui devront servir de base à ses résolutions, dans la constitution des nouveaux États-généraux, en ayant égard à la différence des temps et des mœurs, et pose les fondements d'une liberté sage qu'une révolution a pu seule nous assurer.

Si on les eût suivis, si ces conseils eussent été crus, on eût évité dans l'Assemblée nationale cette lutte si funeste, et par le bien qu'elle empêcha et par le mal dont elle fut tout à la fois l'occasion et le prétexte : la révolution n'eût pas eu lieu, ou se serait opérée sans secousse ; elle serait descendue du trône, au lieu de sortir de la multitude, et au lieu de finir par la Charte, nous aurions commencé par elle.

Mais il semble que ce bien, auquel aspire toujours l'humanité, ne lui soit montré par l'Ordre éternel du monde, qu'au travers de difficultés incessamment renaissantes, et au prix des plus douloureux sacrifices. Tous ces mémoires restèrent infructueux : ils ne servirent qu'à soulever plus tard, dans le cœur du Monarque, d'amers regrets, en devenant entre lui et son sujet dévoué, dans la tour de Temple, l'occasion d'une scène touchante que l'on ne peut se rappeler sans attendrissement (1).

_______________

(1) « Le Roi (dit M. Dubois, à qui nous devons le souvenir de

L'inutilité des efforts de Malesherbes, durant son dernier ministère, pour arracher la France et le Roi à tous les maux qu'il était forcé de prévoir, dut nécessairement réveiller dans son âme le désir de la retraite. Témoin nécessaire des erreurs que commettaient ceux dans les mains de qui résidait le pouvoir, entièrement opposé de principes et d'opinion avec eux, privé de tout moyen de les éclairer ou d'arrêter l'effet de leur impéritie, ne pouvant que manifester dans l'intérieur du Conseil une opinion différente de celle qui les dirigeait, il devait à la France et à lui-même de ne pas paraître la partager. Il sollicita vivement et il obtint la faveur de se retirer tout-à-fait. Là finit sa carrière ministérielle.

» cette scène), qui pourtant avait ouï parler de ce Mémoire (du
» dernier), et qui peut-être se ressouvenait qu'il avait été mis
» inutilement sous ses yeux, en dit quelques mots à M. de Males-
» herbes, pendant qu'il était au Temple, et lui témoigna le désir
» de le connaître. M. de Malésherbes, qui prévoyait tous les re-
» grets que cette lecture allait lui causer, s'efforça de le détourner
» de cette idée : le Roi répondit à toutes ses objections, et insista
» avec tant de force sur sa demande qu'il devint impossible de ne
» pas y déférer. Revenu chez lui, M. de Malesherbes employa
» plusieurs secrétaires à copier cet ouvrage, pendant la nuit, sur
» la minute qui lui en était restée ; et le lendemain, il porta cette
» copie à l'infortuné monarque qui l'avait si ardemment désirée.
» A la première visite que M. de Malesherbes lui fit quelques jours
» après, le Roi le contempla pendant quelque temps avec atten-
» drissement sans lui rien dire, ferma la porte du cabinet où il le
» recevait, et se jeta dans ses bras et presque à ses pieds, en le
» mouillant de ses larmes. Cette scène touchante, ajoute M. Du-
» bois, si honorable pour l'un et pour l'autre de ceux qui en fu-
» rent les acteurs, affecta tellement M. de Malesherbes que sa
» santé en souffrit pendant quelques jours, et qu'il ne la racontait
» jamais qu'en sanglotant. »

Mais là , comme on le verra bientôt , comme personne ne l'ignore , ne finit point le cours des belles actions de sa vie. A la fin de son premier ministère , le Roi lui avait dit : « Que vous êtes » heureux, vous pouvez abdiquer ! » Sans doute, il pouvait abdiquer la portion d'autorité qui lui avait été confiée , et cette abdication était facile à son caractère indépendant et à la modération de ses habitudes ; mais il ne pouvait abdiquer le titre et les devoirs d'un bon citoyen ; et, dans sa vie privée comme dans sa vie publique , il devait encore honorer l'espèce humaine par ses vertus.

Voyez-le , dans cette retraite de Malesherbes , embellie par ses soins et immortalisée par son nom , éloigné de toute fonction active dans l'état, mais toujours animé de l'amour du bien public , éclairer par ses Mémoires les diverses parties de l'administration , dont il avait été à portée d'éprouver par l'expérience les théories et les préceptes ; et , comme écrivain , prendre encore en main la défense de nos libertés. C'est tantôt la liberté de conscience , ce sanctuaire où l'œil des gouvernements n'aurait jamais dû pénétrer ; tantôt la liberté de la presse , qui excitent son zèle généreux. Et grâce principalement à ses efforts , grâce à l'habileté et au génie éclairé du publiciste, une partie de la nation recouvre les droits sacrés de citoyen , d'époux et de père ; et le Monarque peut s'écarter de la route suivie par ses prédécesseurs , sans paraître renoncer à leurs principes (1). La nécessité d'une sage tolérance est établie et reconnue (2) : la nécessité de la liberté de la presse démontrée ; ses principes et ses limites fixés , au moment même où les représentants de la nation, convoqués par le Roi, vont se réunir auprès de lui pour discuter sur ses plus grands intérêts.

L'étude des lettres et des sciences lui avait servi, pendant sa longue et glorieuse carrière., de délassement à ses travaux : elle lui avait ouvert l'entrée de plusieurs Corps savants ; dont il était l'un des membres les plus actifs, et mérité le plus beau triomphe que le génie ait jamais obtenu.

(1) Je veux parler ici des deux Mémoires *sur le mariage des protestants*, composés, l'un en 1785, l'autre en 1787, dans l'intervalle de ses deux ministères, et de l'édit qui , en 1787, rendit un état civil aux protestants. Le motif principal qui avait jusque-là empêché le gouvernement de rendre cette loi si juste et si nécessaire, avait été la crainte de se mettre dans une opposition trop formelle avec les principes et la conduite de Louis XIV et de Louis XV : Malesherbes sut écarter ce préjugé , en démontrant que Louis XIV n'avait été détourné du projet de fixer l'état des protestants par une loi , que par le système du clergé de son temps, qui espérait l'extinction totale de l'hérésie, système dont l'illusion était alors démontrée aux yeux du clergé lui-même ; et en expliquant d'une manière tout aussi satisfaisante, quoique par d'autres motifs, l'inaction gardée sous Louis XV. Ces Mémoires, remarquables par la sagesse et par la modération qui les a dictés , sont pleins de force et d'érudition , et surtout d'une logique irrésistible : ils resteront comme des monuments élevés par le talent et la vertu à la raison et à l'humanité.

(2) Malesherbes a aussi composé un Mémoire *sur les Juifs*, lequel paraît avoir eu pour but de changer le sort de cette nation aussi remarquable qu'infortunée. Ce Mémoire , comme beaucoup d'autres, s'est perdu ; mais M. Dubois, qui l'a lu, affirme que c'était un travail immense, et qu'il n'a connu aucun ouvrage sur cette matière qui renfermât des recherches aussi multipliées et aussi curieuses.

Quand il avait été question de procéder à son élection à l'Académie française , les candidats, qui s'étaient présentés antérieurement , s'étaient retirés par respect pour lui : il avait été élu sans compétiteur, et couronné de la palme académique avec une sorte d'acclamation (1). Durant ses dernières années, cet amour profond de l'étude l'animait encore, et lui servait de consolation, au milieu des maux qui commençaient à affliger sa patrie.

On l'avait vu naguère , à l'exemple de ces anciens sages à qui il restait toujours quelque chose à apprendre, et à un âge où le commun des hommes n'aspire qu'au repos , parcourir les Pyrénées, les Alpes , les montagnes d'Auvergne , les vallées de la Suisse, et la plupart des provinces de France ; non pas en grand seigneur ; non pas en ministre d'état , non pas même en homme riche , mais en simple particulier , et sous le nom modeste de M. *Guillaume*. Son voyage avait été fécond en aventures piquantes, occasionnées par le contraste qui existait entre sa célébrité, son rang, son nom, et la simplicité de ses formes , de son costume et des habitudes de sa vie. Il en avait rapporté une foule de connaissances nouvelles sur les sciences naturelles, et de sensations morales que , dans ses derniers jours, on aimait à lui entendre rappeler.

Du sein de sa paisible et heureuse retraite , il

(1) M. de Chastellux, auteur du livre de la *Félicité publique*, avait plus qu'aucun autre l'espérance d'être nommé : il se retira le premier de tous ; il fut élu quelque temps après à une autre place.

éntretenait des correspondances étendues et multipliées avec les principaux savants de l'Europe,
même avec des hommes obscurs, dont il avait
découvert le mérite, et dont il utilisait les connaissances en les dirigeant sur les objets qu'il
aimait à étudier lui-même. Il s'intéressait vivement à toutes les découvertes dans les arts, à tous
les progrès que faisaient les sciences, à tous les
succès obtenus dans la philosophie et dans les
lettres. Personne, dit un de ses contemporains,
n'observait avec plus d'attention que lui la marche de l'esprit humain, et n'en saisissait mieux les
développements et les résultats : il était au cou-
rant de tout ; il lisait tout ; il connaissait tout ;
et jamais un savant, un artiste ou un homme
de lettres ne le trouvait indifférent au résultat
de ses travaux ou aux créations de son esprit, et
ne demandait vainement l'appui de son crédit ou
ses lumières et ses conseils.

Malesherbes avait alors, Messieurs, soixante et
douze ans. Deux fois il avait été ministre, et il
l'avait été malgré lui. Rendu à sa retraite, il y
avait retrouvé ses habitudes et ses études favori-
tes : il y réunissait tout ce que les âmes nobles et
élevées désirent le plus vivement, l'estime publique, l'indépendance et le repos. Il semblait qu'en
le plaçant ainsi, loin du tracas des affaires et des
combinaisons de la politique, du cérémonial et
des intrigues de la Cour, environné d'une famille
dans laquelle il se voyait revivre, au milieu d'un

petit cercle d'amis qui l'entouraient de leur vénération et comme d'une sorte de culte, la Providence eût voulu récompenser une vie signalée par tant de vertus, et ménager à l'illustre vieillard un asile contre la tempête terrible qui se préparait.

Qui n'eût cru alors que sa carrière politique était finie, et qu'il n'aurait plus l'occasion de rien ajouter à sa renommée, déjà brillante d'un si grand éclat? Mais un aussi grand citoyen pouvait-il rester dans l'ombre, quand il avait encore du bien à faire et quelque vertu à déployer? Et le dernier soupir d'un pareil homme pouvait-il s'exhaler vers le ciel sans augmenter encore son illustration?

Louis venait d'être arraché violemment de son trône, et l'obscurité de la tour du Temple avait remplacé, pour lui et pour sa famille, la pompe et la splendeur de Versailles.

Les circonstances du moment étaient terribles : l'épouvante glaçait les âmes les plus généreuses. L'on disait à la Convention, aux applaudissements d'une populace effrénée qui remplissait ses tribunes et assiégeait ses avenues, qu'il ne fallait suivre d'autres procédures, relativement à Louis, que de le livrer au glaive homicide, qu'on osait appelait le glaive de la loi; que, *lorsque l'Assemblée décidait, à la simple majorité des voix, de la destinée d'un empire, il était absurde de s'arrêter à de vaines formes quand il s'agissait de juger un tyran* (1).

(1) Danton.

Trois mois étaient à peine écoulés depuis les horribles massacres de septembre, où, sous les yeux de toutes les autorités de Paris, criminelles ou épouvantées, on avait, pendant trois jours, massacré dans toutes les prisons toutes les victimes qu'on y avait rassemblées. Un grand nombre de partisans des augustes prisonniers avaient péri, et des têtes sanglantes, qu'ils avaient pu reconnaître, étaient venues les effrayer jusque dans leur horrible demeure (1). Plusieurs étaient recherchés avec avidité : tous étaient désignés d'avance à la proscription et à la mort ; les poignards étaient préparés pour les immoler, et les échafauds dressés pour leur supplice ! !

C'est alors que, resté presque seul auprès de celui qu'avait environné naguère un essaim si nombreux de courtisans, Malesherbes put montrer son dévouement pour le Roi, sans opposition et sans réserve , et avec une générosité sublime.

Le vénérable vieillard n'attend point qu'on le réclame, il vient s'offrir de lui-même : il vient chercher le malheureux Monarque dans son infortune, dans sa prison, malgré son oubli, au milieu de ses ennemis les plus acharnés, de ses dangers les plus imminents. Il s'interpose entre lui et le glaive qui le menace ; il rappelle qu'il a

______________

(1) L'infortunée princesse de Lamballe , cette amie dévouée de la Reine, avait été massacrée dans la journée du 3 septembre ; et sa tête , élevée au bout d'une pique, portée avec des cris féroces jusque sous les murs du Temple !

été jadis le conseiller et le ministre de celui contre lequel se dirigent tant de fureurs ; il annonce par cette démarche qu'il va s'efforcer d'arracher leur proie aux barbares altérés de sang, qui l'attendent avec avidité.

Ah ! l'histoire, sans doute, ne présenta jamais aucun exemple d'une vertu plus noble et plus haute. Elle nous a conservé un grand nombre de traits qui honorent l'humanité : des citoyens se sont sacrifiés pour leur pays, des rois se sont immolés pour le salut de leurs peuples, et tous les jours des milliers de héros obscurs affrontent les plus éminents périls pour servir la patrie. Mais toutes ces belles actions s'expliquent par les motifs qui excitent ordinairement les hommes, et les portent à des résolutions courageuses.

Où trouver ceux qui firent naître la généreuse détermination de Malesherbes ? On ne saurait attribuer son dévouement à un de ces élans de patriotisme, si communs chez les anciens, et qui firent parfois oublier par leur prestige les horreurs de cette époque cruelle : ce n'était pas non plus l'amour de la gloire ou l'ambition, passions qui portent à de si grands sacrifices ; l'honneur, ce tyran impérieux qui se fait obéir en menaçant de la honte plus redoutable que la mort, n'exigeait rien de lui ; et il n'était entraîné ni par la puissance du devoir, ni par une de ces amitiés vives et fortes, si rare entre des égaux, impossible quand il y a une si grande inégalité de rang. Sa courageuse détermination fut entièrement désintéressée, et sa vertu mise en action par elle seule, se déploya uniquement pour elle.

Si quelque chose pouvait augmenter encore la vive admiration que doit inspirer cette conduite si mémorable, ce serait la modeste simplicité qui en accompagna le premier acte ; cette lettre sublime et touchante, où ne se montre nulle ostentation, où ne paraît nulle timidité, qui laisse deviner tout ce qu'elle ne dit pas, et ne dissimule rien de ce qu'elle croit devoir faire comprendre ; qui ne peut blesser personne par l'expression de ses sentiments, et qui pourtant n'en désavoue aucun ; à laquelle semblent étrangers tous ceux à qui elle est adressée, et où l'on ne peut apercevoir que la victime qu'il faut sauver, et celui qui s'immole pour elle : cette lettre, dis-je, où ne s'exhale point l'indignation qui dut saisir l'homme généreux qui fut forcé de l'écrire, et où l'on ne retrouve pas ces précautions oratoires de circonspection et de fausseté, qui n'auraient pu qu'humilier l'écrivain sans produire aucun effet utile.

« J'ignore si la Convention, écrit-il à son Président, donnera un conseil à Louis XVI pour le
» défendre, et si elle lui en laissera le choix : dans
» ce cas-là, je désire que Louis XVI sache que,
» s'il me choisit pour cette fonction, je suis prêt
» à m'y dévouer.

» Je ne vous demande point de faire part à la
» Convention de mon offre, car je suis bien éloigné
» de me croire un personnage assez important
» pour qu'elle s'occupe de moi : mais j'ai été ap-

» pelé deux fois au conseil de celui qui fut mon
» maître, dans le temps où cette fonction était
» ambitionnée par d'autres; je lui dois le même
» service lorsque c'est une fonction que bien des
» gens trouvent dangereuse. Si je connaissais
» un moyen possible pour lui faire connaître mes
» dispositions, je ne prendrais pas la liberté de
» m'adresser à vous; j'ai pensé que, dans la place
» que vous occupez, vous aurez plus de moyens
» que personne de lui faire passer cet avis. »

Louis accepta avec reconnaissance le dévouement de ce généreux serviteur; et, à la première
entrevue qu'il eut avec lui dans sa prison, ne pouvant modérer l'émotion qu'il éprouvait, il se jeta
dans ses bras en le mouillant de ses larmes.

On voit par les récits qui nous ont été laissés
de ce qui s'est passé alors, que, dans ces douloureuses circonstances, Malesherbes ne fut pas seulement le défenseur de *celui qui avait été son
maître*, mais encore, au plus haut degré, son con-
solateur et son ami. Il allait deux fois par jour au
Temple, soit pour informer le Roi des événements
qui pouvaient l'intéresser, et de la marche de la
discussion dont la Convention était le théâtre, soit
pour régler avec ses deux avocats, et devant lui,
la direction et les moyens de sa défense : et, par
les témoignages de sa bienfaisante affection, par le
spectacle d'une fidélité à toute épreuve, il allégeait
l'horreur de la solitude à laquelle il se trouvait
réduit; il rendait moins douloureuses ses dernières
journées. Hélas ! si l'appui de ses lumières et

de son zèle fut inutile, du moins les consolations qui accompagnèrent ses efforts furent réelles; et, dans cet excès de malheur, tout ce qui put en adoucir le sentiment fut encore un grand bienfait et un grand service.

Malesherbes avait sollicité le sacrifice, tout le poids du sacrifice retomba sur lui. On l'avait entendu, à la barre de la Convention, prononcer quelques paroles entrecoupées et sans suite, pour appuyer la nouvelle mais inutile demande d'un sursis et d'un appel au peuple, et réclamer contre la manière dont les voix avaient été comptées; il fut chargé d'annoncer au Roi l'horrible décret dont il devait être la victime. Il remplit ce devoir avec autant de courage que de douleur, mais moins par ses paroles que par ses sanglots et par ses larmes.

Le cœur profondément accablé, Malesherbes se retira bientôt après dans cette paisible demeure qui lui avait servi d'asile dans les circonstances les plus difficiles de sa vie, et où il avait trouvé, durant sa longue et glorieuse carrière, tant de consolation et de bonheur. Mais il n'y avait jamais eu pour lui de circonstances aussi douloureuses; et les charmes de cette retraite ne pouvaient plus avoir de douceur pour celui qui y portait une âme si cruellement affligée. Les tendres soins de sa famille ne pouvaient parvenir à adoucir son affliction. Il avait toujours aimé Louis XVI; et, comme toutes les âmes généreuses, il s'était encore attaché à lui par les services qu'il lui avait rendus, et la mort de ce malheureux prince était pour lui une grande infortune personnelle.

De nouvelles calamités ne tardèrent pas à l'y assaillir. Des émissaires de la tyrannie vinrent y arrêter M. de Rosambo, son gendre, et arracher la famille entière de Malesherbes des bras de son illustre chef. Deux jours après, il fut arrêté lui-même, et conduit dans une prison de Paris.

Ceux qui l'ont vu dans ces derniers moments, racontent que son courage parut alors se ranimer ; et, qu'au lieu d'être atterré par l'idée d'un danger qui lui était personnel, comme il l'avait été par le sentiment d'une douleur dont le motif lui était étranger, il reprit sa manière d'être accoutumée, même sa gaîté ordinaire. On l'entendit, dit-on, plusieurs fois, se livrer sans trouble à des discussions lumineuses sur des points de politique et de morale, parler avec tranquillité de la catastrophe qui le menaçait, animer par de gaies reparties ceux qui, dans la même prison, se pressaient au-devant de lui avec étonnement et sensibilité.

Mais la vue de sa famille, à laquelle il avait obtenu d'être réuni, et dont il était forcé de prévoir le sort funeste, ne le trouvait point indifférent. La hache révolutionnaire était déjà levée sur sa tête, qu'il s'occupait d'elle avec la plus vive sollicitude : il rédigeait pour M. de Rosambo un mémoire apologétique, destiné aux membres du tribunal chargés de prononcer sa condamnation ; il sollicitait pour lui ses juges-bourreaux, et retrouvait pour le défendre toute l'énergie et toute l'éloquence des plus belles années de sa vie, comme s'il avait pu espérer quelque succès de ses réclamations (1) !!

Malesherbes fut traduit à son tour devant ce tribunal de sang, avec sa fille, sa petite-fille et le jeune époux de celle-ci. On lui notifia, pour la forme, son acte d'accusation, dans lequel il était prévenu vaguement de *conspiration contre l'unité de la république,* sans qu'aucun fait fût articulé à l'appui de cette accusation étrange, que ne devait motiver aucune pièce, que ne devait soutenir aucun témoin. *Encore, si cela avait le sens commun !* dit Malesherbes après avoir reçu cet acte, et en le rejetant avec dédain (2).

Il comparut enfin devant ses juges. Il n'avait répondu que par des monosyllabes aux interrogatoires qu'on lui avait faits ; il répondit par le sourire du mépris à l'invitation de se choisir un défenseur. Il ne parut faire aucune attention au nom, inconnu jusques alors, de celui que le tri-

(1) A peine ce Mémoire était-il envoyé, que déjà s'acheminaient vers le tribunal M. de Rosambo, qui en était l'objet, et quarante membres au moins du Parlement de Toulouse et de celui de Paris, formant ce que l'ancienne magistrature pouvait offrir de plus illustre par ses services comme par le nom, par les lumières comme par le rang, pour être entendus à peine, et de là conduits à la mort.

(2) Ce fut en se rendant devant le tribunal, pour partager son glorieux sort, que sa fille, appuyée sur le bras de la sienne, apercevant M.<sup>lle</sup> de Sombreuil, dont on se rappelle avec tant d'attendrissement le dévouement filial, au 2 septembre, lui dit ces paroles, aussi nobles que touchantes : « Mademoiselle, vous » avez eu le bonheur de sauver la vie à votre père, je vais avoir » bientôt celui de mourir en même temps que le mien. »

bunal lui désigna (1), et dédaigna de se défendre lui-même. Hélas ! toute défense de sa part n'eût été qu'une tentative inutile ; il était condamné d'a-vance, et son échafaud dressé avant que son arrêt ne fût rendu.

Il reçut sa condamnation sans étonnement et sans effroi. Il ne fit entendre aucune plainte ; il ne proféra aucun reproche ; il n'exprima aucun sentiment douloureux : il se tut, et son silence, entendu par la postérité, a été pour ses bourreaux le cachet de la honte et de l'opprobre. Il ne mon-tra, dans ce terrible moment, ni ostentation, ni faiblesse : il fut, jusqu'à la fin de sa vie, ce qu'il avait toujours été pendant sa durée, ferme et courageux sans doute, mais simple et modeste, et ne cherchant que dans sa propre vertu sa consolation et ses espérances. Il avait vécu comme Socrate, et il devait mourir comme lui : mais sa mort fut plus douloureuse, puisqu'avant de cesser de vivre, il eut sous les yeux l'affreux spectacle de la mort d'une partie de sa famille, et qu'on différa son supplice pour en augmenter la cruauté !! !...

Ainsi finit de servir sa patrie en même temps qu'il cessa de vivre (2), celui dont les temps an-ciens n'offrent rien de plus glorieux et de plus tou-chant que la mort ; et les temps modernes, rien de plus honorable que la vie. La calomnie et l'es-prit de parti ont déversé sur lui leurs traits ; (quelle

(1) Le citoyen Duchâteau.
(2) 22 avril 1794.

vertu fut jamais à l'abri de leur haine ! ) mais la postérité l'en a vengé ; et la nation tout entière lui a élevé un monument, sur lequel un auguste Monarque est venu lui-même graver ses regrets (1).

Tel est, Messieurs et chers Confrères, tel est le plus beau modèle qu'il soit possible de présenter à ceux dont l'amour de la vertu peut exciter les nobles pensées !

Sans doute, peu de personnes sont appelées par le hasard des événements ou de la fortune, à déployer sur un aussi brillant théâtre que lui, les nobles qualités de son âme, à devenir l'interprète éloquent des droits et des besoins du peuple, à être sans cesse et partout l'utile appui de l'infortune, à appliquer à de grandes circonstances un courage plus grand encore, à préparer dans leurs conseils les déterminations des monarques, à dire la vérité aux rois ; mais, pour s'environner de moins d'éclat, la vertu n'en est pas moins précieuse aux cœurs généreux qui savent l'aimer :

(1) Je veux parler du monument élevé à Malesherbes, dans la grand'salle du palais de justice à Paris, sur lequel on lit cette inscription, qu'on prétend avoir été composée par Louis XVIII lui-même, et qui résume presque notre éloge :

STRENUÈ SEMPER FIDELIS,

REGI SUO

IN SOLIO VERITATEM,

PRÆSIDIUM IN CARCERE

ATTULIT.

elle ne saurait être parmi nous l'apanage exclusif de personne ; et quand le ciel, dans son extrême bonté , la créa pour consoler la terre , il en répandit le bienfait sur l'espèce humaine tout entière ; il voulut qu'elle vînt embellir tous les temps et toutes les conditions , et que dans toutes les situations de la vie , elle pût rencontrer également son application et sa récompense.

TOULOUSE, IMPRIMERIE DE J.-M. DOULADOURE.